AF373615

SUR LA NÉCESSITÉ

D'UN

EMPRUNT DE 300 MILLIONS

POUR L'EXÉCUTION

DES GRANDS TRAVAUX PUBLICS

DE L'ALGÉRIE

PAR

LE GÉNÉRAL BARON DE CHABAUD-LA-TOUR

Commandant supérieur du Génie à l'armée d'Afrique

———

DEUXIÈME ÉDITION

ALGER

BASTIDE, LIBRAIRE-ÉDITEUR

——

1855

SUR LA NÉCESSITÉ

D'UN

EMPRUNT DE 300 MILLIONS

POUR L'EXÉCUTION

DES GRANDS TRAVAUX PUBLICS

DE L'ALGÉRIE.

Tous les ans, dans les conférences de septembre, entre les généraux et les préfets de l'Algérie, instituées par M. le gouverneur-général, pour y débattre les questions d'intérêt général pour la colonie, et dans les séances du Conseil du gouvernement, où l'on fixe la répartition des crédits alloués pour les travaux civils, au titre des divers chapitres du budget du ministère de la guerre, il se produit le pénible spectacle de la grandeur des besoins et de la faiblesse des ressources.

Ainsi, par exemple, il n'est alloué, en 1855, au service du Génie, pour les travaux des routes, sur l'ensemble des chapitres 28 : Colonisation en Algérie, et 30 : Travaux civils en Algérie, que les sommes de 99,000 fr. pour travaux d'entretien, et de 640,000 fr. pour travaux neufs.

Les crédits pour l'exercice 1856 ne pourront être plus élevés, tandis que les besoins les plus urgents constatés par les demandes des directeurs des fortifications, pour cet exercice, s'élèvent aux sommes

de. . . . . 300,000 fr. pour les entretiens,

et de. 1,500,000   pour les travaux neufs.

En 1852, les faibles ressources dont dispose pour les travaux des routes le service du Génie, avaient été augmentées de 600,000 fr. sur le chapitre des transportés, et de 400,000 fr. sur celui des colonies agricoles, en tout un million.

En 1853, le chapitre des transportés a fourni 403,000 fr., et M. le Ministre de la guerre a alloué des crédits supplémentaires, provenant en partie du crédit du port d'Alger, s'élevant à une somme de 548,000 fr., ce qui a encore fait un supplément d'un million aussi pour cet exercice.

Mais en 1854, il n'a pas été alloué de supplément ; le chapitre des transportés ne fournit plus qu'une centaine de mille francs, et celui des colonies agricoles a cessé d'exister.

Ainsi que nous l'avons établi dans une note en date du 1er octobre 1853, les crédits alloués pour les entretiens, sont tout à fait insuffisants, et le service des Ponts-et-Chaussées seul est obligé, rien que pour l'entretien du réseau si restreint des routes qui sont dans ses attributions, de prélever une somme de plus de 750,000 fr. sur les 2,150,000 fr. alloués au titre de l'article du chapitre 30, pour les travaux neufs des routes.

Cependant partout aujourd'hui les cultures des Indigènes comme celles des Européens s'étendent ; les concessions se multiplient ; les transactions, les transports de grains, de laines, de tabac s'accroissent ; nous ne citerons qu'un exemple du tort immense qu'apporte à ce mouvement de progrès le défaut d'achèvement des principales voies de communications.

Les transports des grains, en 1853, sur la route d'Orléansville à Ténez ont été si considérables, que le commerce a dû payer, pour ces transports, 300,000 fr. de plus qu'il n'aurait payé si la route avait été terminée. Les chiffres de 1854 sont encore plus forts. Il ne faut qu'une somme de 500,000 fr. pour terminer cette route; mais le chiffre si restreint des crédits alloués ne permettant de lui consacrer que 50,000 fr. par année, il faudra 10 ans pour la terminer; et, pendant ce laps de temps, trois millions auront été inutilement perdus par aggravation du prix des transports, et seront venus frapper d'une augmentation regrettable le prix des marchandises.

En présence de ces faits, en regard de l'accroissement journalier des relations commerciales de la métropole et de sa colonie d'Afrique, constaté par les chiffres suivants de l'ensemble du commerce de l'Algérie pour 1853 :

Valeur des marchandises importées.　125,000,000 fr.

Valeur des marchandises exportées.　　35,000,000

Total. . . . . . .　160,000,000 fr.

Rapport du Directeur des Douanes (Moniteur algérien *du 20 septembre* 1854.)

Chiffres qui placent déjà l'Algérie à l'un des *premiers rangs* dans les transactions commerciales de la France; dans la prévision de l'essor incalculable que prendraient ces relations, ainsi que la colonisation, si les travaux publics de l'Algérie étaient terminés à bref délai, on en vient à se demander si l'on doit continuer à marcher dans la voie stérile dans laquelle on est engagé, qui conduirait à ne terminer qu'en *cent quarante années* (1) le réseau des routes de l'Algérie, tout en entretenant à peine les portions de ce réseau que l'on aurait exécutées, et que l'on aurait la douleur de voir en grande partie détruites pendant la saison redoutable des pluies de l'Algérie, par suite même de leur état d'imperfection.

Poser cette question, c'est dire qu'elle ne peut être résolue que par la négative; n'est-il pas chimérique, en effet, de vouloir exécuter tous les travaux publics d'un royaume presqu'égal à la France, en étendue, sur les fonds du budget ordinaire? Si jamais il a été indiqué d'avoir recours à la puissance du crédit, c'est certainement en présence d'une pareille situation. Quand on a voulu, après 1830, donner une grande impulsion aux travaux publics, un crédit de 100 millions a été demandé aux Chambres. Quand on a voulu fortifier Paris et Lyon, terminer les anciennes places fortes, en construire de nouvelles, pour la défense des parties de nos frontières affaiblies par les traités de 1815, et augmenter partout les ressources du casernement; quand on a voulu terminer les lacunes du réseau des routes Impériales, et organiser les ports de la France, des lois spéciales sont venues allouer des crédits extraordinaires pour ces grands travaux; et elles leur ont affecté toutes les ressources disponibles de l'amortissement, s'élevant à plus de 80 millions par an, en dotant, par

____

(1) Il faut soixante-dix millions pour exécuter le réseau des routes sur les territoires militaires compris dans les attributions du service du Génie. Ce service ne dispose que de cinq cent mille francs par an pour ces travaux, ce qui porte bien à *cent quarante années* le laps de temps nécessaire pour le terminer avec une pareille allocation annuelle.

contre, la caisse de l'amortissement de rentes représentant ses avances. C'était un emprunt sous une forme particulière (1).

La ville de Paris, quand elle doit exécuter ces merveilleuses transformations de ses vieux quartiers, qui s'accomplissent, sous le règne actuel, sur une si grande échelle, emprunte et dote immédiatement ces belles entreprises du capital nécessaire pour leur prompt achèvement.

Que dirait-on, même d'un simple particulier, qui ayant entrepris la fondation d'un établissement considérable, s'ingénierait à le terminer sur les modestes économies de son revenu annuel, laissant à deux ou trois générations de ses descendants le soin de l'achever, au lieu d'y appliquer, dès le début de son entreprise, toute la puissance du crédit dont il dispose, afin de créer vite, et de recueillir, dans le plus bref délai possible, les fruits du capital même consacré à cette création.

C'est donc au crédit que la France doit faire appel pour fonder son royaume de l'Algérie, et ici ce sont à la fois les intérêts civils et les intérêts militaires les plus pres-

---

(1) Ainsi pour ne rappeler que celles de ces lois ayant pour objet les travaux militaires :

Les lois des 3 avril et 25 juin 1841 (fortifications de Paris, etc.) ont alloué... .... 273,052,400 fr.

La loi du 3 août 1844 (fortifications du Hâvre), a alloué...... 5,880,000

La loi du 20 iuin 1845 (armement de Paris) a alloué........ 14,130,000

La loi du 10 juillet 1845 (travaux de défense des ports) a alloué 18,140,000

La loi du 14 avril 1851 (fortifications de Cherbourg) a alloué.. 5,999,000

Les décrets des 21 août 1852 et 23 octobre 1853 (arsenal de Marseille, caserne de l'Hôtel-de-Ville) ont alloué.............. 3,171,000

Le décret du 10 août 1853 (agrandissement de l'enceinte fortifiée de Toulon) a alloué................................... 6,800,000

TOTAL............... 327,172,400 fr.

8

sants qui l'y convient. Quand les travaux de fortifications et d'établissements militaires seront terminés, quand les ports de l'Algérie offriront des abris sûrs à nos vaisseaux, le long de cette admirable base d'opération que nous donnent 250 lieues de côtes, pour agir soit sur la mer Méditerranée, soit dans l'intérieur de l'Afrique ; quand le sol de l'Algérie sera sillonné de routes carrossables que l'artillerie et les convois pourront parcourir rapidement en toute saison ; quand la colonisation étendra ses ramifications le long de toutes ces routes, englobant les tribus indigènes dans un réseau serré de mailles européennes, alors la conquête de l'Algérie sera achevée, les révoltes y deviendront impossibles ; le chiffre de l'armée d'occupation pourra être réduit, et les ressources centuplées de la colonie viendront dédommager la France de tous les sacrifices qu'elle se sera imposés dans l'accomplissement de cette grande tâche, qui lui est providentiellement échue, de conquérir le continent africain au christianisme et à la civilisation (1).

Les dépenses extraordinaires à faire en Algérie, se résument dans le tableau suivant :

Travaux militaires, fortifications, casernes, établissements manutentionnaires et hospitaliers, arsenaux, magasins à poudre, magasins aux vivres, etc. . . . . .   50,000,000 fr.

---

(1) Au moment même où nous rédigeons cette note, il nous arrive une dépêche du Directeur des fortifications d'Oran, à la date du 7 octobre, ainsi conçue :

« Aurai-je des crédits supplémentaires pour les routes de Tlemcen et de Mascara ? Je n'ai plus le moyen d'occuper les troupes..... »

Il faudra peut-être répondre négativement, et nos soldats vont rentrer dans leurs quartiers, perdant pour leurs si utiles travaux la partie de l'année qui est la plus favorable à leur exécution.

9

ci.. . . 50,000,000

Travaux des ports, phares et fanaux.. 100,000,000
> Non compris la grande rade couverte en
> avant du port d'Alger, évaluée 44 millions,
> et qui peut être ajournée à un très-long
> avenir.

Grandes voies de communication. . . . 70,000,000
> Leur développement est de 4,500 kil. environ.

Colonisation, création de villages, voies
secondaires de communication, barrages,
irrigations, dessèchements. 50,000,000

Edifices publics. 30,000,000
> Les églises coûteront seules 12 millions ; à
> Alger le palais du gouverneur, l'amirauté,
> le palais de justice, l'hôpital civil, le lycée,
> la douane, la caserne des douaniers, la ca-
> serne de gendarmerie exigeront 8 millions.

TOTAL. . . 300,000,000

Il suffira donc d'une somme de 300 millions pour faire face à cette grande création. Ce sera 12 millions de rente de plus (au cours actuel de la rente 3 p. 0|0) qu'il faudra inscrire au grand livre de la dette publique (1). Qu'est-ce qu'une pareille somme pour la France?

---

(1) Les fonds affectés à l'exécution des grands travaux publics en Algérie, sont principalement :

1° Chapitre XX. Matériel du Génie, art. 2. . . . . 1,503,000 fr.

2° Chapitre XVIII. Colonisation en Algérie, art. 2 : voies de communication, travaux pour la création de nouveaux centres. 1,050,000

3° Chapitre XXX. Travaux civils, art. 3. 5,595,000

TOTAL. . . . . 8,148,000 fr.

Soit huit millions.

En admettant, vu l'insuffisance actuelle des fonds d'entretien et l'augmentation

Nous avons vu avec quelle merveilleuse facilité, à l'appel fait au pays pour le dernier emprunt de 250 millions, les souscriptions se sont présentées pour un capital s'élevant au double de celui qui était demandé. Les colonnes de l'emprunt de 300 millions pour les travaux publics de l'Algérie seraient aussi promptement remplies ; et le gouvernement Impérial donnerait une nouvelle et vigoureuse preuve de son énergie, en même temps que de la puissance financière de la France, en ouvrant les listes de souscriptions de cet emprunt, même en présence de la guerre européenne. Nous sommes convaincus que si l'Empereur pouvait visiter l'Algérie, Sa Majesté, frappée de la grandeur des ressources et de l'avenir de ce beau royaume, en même temps que de la grandeur de ses besoins, ne se rembarquerait pas pour la France sans avoir signé le décret d'emprunt de 300 millions.

Toutefois si l'exécution immédiate de cette mesure parais-

---

considérable qu'ils devront en outre recevoir en raison même de l'exécution des travaux, vu aussi la nécessité de laisser toujours des fonds disponibles pour les travaux d'une importance secondaire, dont l'avenir révélera le besoin. que l'on devra conserver au budget quatre et même cinq millions sur les huit millions ci-dessus, on voit cependant que trois millions au moins peuvent être effacés du budget de l'Algérie, ce qui réduira en réalité à neuf millions seulement, au plus, la charge annuelle que l'emprunt des trois cents millions fera peser sur le budget de l'État. Nous ferons même remarquer, si l'on veut aller au fond de la question, que dans tous les modes d'exécution on doit admettre qu'il faut pourvoir à l'entretien et aux travaux annuels courants ; que dès-à-présent le crédit des entretiens devrait être augmenté d'un million, au minimum, et que si l'exécution rapide des travaux amène plus promptement la nécessité d'entretiens plus considérables, elle accélérera la jouissance du résultat qu'on veut obtenir et des revenus publics qui en découleront sous tant de formes. C'est donc en réalité la dotation totale des huit millions affectés aux travaux extraordinaires, que l'on doit regarder comme remplacée par l'emprunt des trois cents millions, et la charge nouvelle imposée annuellement au budget ne sera que de quatre millions.

sait présenter trop de hardiesse, et manquer, en présence des grandes éventualités de la situation Européenne actuelle, de ce cachet de haute prudence qui ne doit jamais faire défaut aux actes des gouvernements même les plus forts, nous demandons qu'elle soit une des premières préoccupations de l'État, quand la paix aura été signée. A cette époque l'ardeur des esprits en France, à laquelle il est toujours si nécessaire de préparer un aliment, sera facile à diriger sur l'Algérie. Les capitaux s'y portaient déjà, quand la guerre est venue en arrêter l'élan, et ils y trouveront des emplois aussi variés que féconds. Que tout concourre donc alors à faciliter ce grand mouvement; l'emprunt et la large exécution des travaux publics en décupleront l'énergie.

Il est une autre mesure qui devra être prise simultanément. Une compagnie, qui compte dans ses rangs plusieurs hommes d'une haute intelligence, et ayant une connaissance approfondie de l'Algérie, vient de présenter un travail digne de beaucoup d'intérêt sur l'exécution des chemins de fer de l'Algérie par la ligne centrale du Tell, avec rattaches à la côte. Loin de trouver prématurée la position de cette question, nous en regardons la prompte solution comme indispensable, et nous pensons que l'exécution du réseau des chemins de fer de l'Algérie doit marcher simultanément avec celle des grands travaux publics que nous réclamons. En France les chemins de fer ont déplacé d'immenses intérêts ; les capitaux consacrés à l'exploitation des auberges, aux entreprises de postes, de roulage, de messageries, ont été presque complètement anéantis; les villes et villages, les propriétés, traversées par les routes impériales, ont perdu une partie considérable de leur valeur. Ce grand froissement d'intérêts était inévitable; car la France ne pouvait rester en arrière des nations voisines dans l'emploi des chemins de fer. Mais irons-nous, en présence de ces faits, de la nécessité inévitable de doter, d'ici à vingt ans peut-être, l'Algérie, d'un réseau de chemins de fer, créer péniblement et à grands frais les routes que ce réseau devra remplacer dans un court avenir; échelonner le long de ces routes les principaux centres de population européenne, les villages, les concessions isolées, en consacrant à la création de tout l'ordre d'intérêts qui en découlera, et les capitaux de l'État, et ceux des colons? et cela, pour les frapper, quelques années après, d'une perturbation profonde, qui équivaudra, sur la plupart des points, à une ruine complète?

Ce serait insensé; déjà en Californie, au Canada, en Australie, au Cap de Bonne-Espérance, dans les Indes, les chemins de fer dévorent l'espace et y font marcher à pas de géant la colonisation de la race Anglo-Saxonne. Nous avons fait la conquête militaire de l'Algérie avec les armes de guerre perfectionnées des nations civilisées, et non avec le javelot et la fronde des temps anciens; sachons consolider cette conquête, en créant des moyens de transport rapides, qui donnent tant de puissance à l'action de nos troupes; et consommer en même temps la conquête civile et coloniale, s'il est permis de s'exprimer ainsi, en y appliquant le plus puissant instrument de civilisation des temps modernes.

Nous partageons, en raison de ces considérations de

premier ordre, l'opinion des auteurs du chemin de fer central de l'Algérie sur la haute utilité d'établir, le plus tôt qu'il sera possible, un vaste réseau de chemin de fer en Algérie ; l'artère principale de ce réseau, dans un avenir qui ne sera peut-être pas très-éloigné, pourra faire partie d'une immense ligne de fer qui, traversant l'Egypte, ira aboutir aux Indes, en n'empruntant aux transports maritimes que de très-courtes traversées ; une autre des branches du réseau pourra permettre, plus tard, de sonder de plus en plus près ces profondeurs du Sud, ces mystères de l'Afrique centrale que la civilisation doit pénétrer un jour. Mais sans tenir compte de ces perspectives éloignées, nous pensons que l'attention la plus sérieuse du gouvernement doit se porter sur l'exploitation agricole et métallurgique de nos possessions d'Afrique, en créant dans ce pays qui n'a ni routes, ni rivières flottables ou navigables, ni canaux, des moyens de transport à prix réduit. C'est dans l'intérieur des terres qu'est pour nous la véritable richesse de l'Algérie ; c'est là qu'on trouve, à l'Ouest, les belles terres des environs de Tlemcen, de Sidi-bel-Abbès ; au centre les vastes plaines de la vallée du Chélif, la plus étendue de l'Algérie, celles des Beni-Sliman, des Aribs ; à l'Est, la plaine de la Medjana, celle des Ouled Abd-el-Nour, qui se prolonge jusqu'à Constantine, la vallée du Bou-Merzoug, le cercle de Guelma. La population indigène, qui habite ces immenses territoires, y est très-clair-semée, et est insuffisante pour leur exploitation ; il sera facile de la resserrer et d'y réserver de vastes terrains à la colonisation Européenne ; mais il serait coupable d'y attirer cette colonisation avant d'avoir créé la voie ferrée qui permettra aux colons d'écouler, avec des prix rémunérateurs, les fruits de leur travail (1).

Les études présentées par les auteurs du projet, sont très-sommaires ; nous pensons qu'il serait fort à désirer que le gouvernement donnât une mission spéciale à quelques-uns des membres du corps des Ponts-et-Chaussées, pour faire des études approfondies des diverses parties du réseau ; nous émettons le vœu qu'un crédit spécial soit ouvert pour ces études sur les fonds du chapitre 30 du budget de 1855.

Les auteurs du projet n'évaluent qu'à 100,000 francs le kilomètre la dépense du réseau de fer, par suite de ces considérations qu'il n'y aura pas à payer le prix du sol de la voie, que les bois seront à portée sur une grande partie du parcours, et qu'on pourra employer aux travaux de terrassement la main-d'œuvre indigène en la rétribuant par des titres d'actions du chemin de fer.

Nous ne croyons pas qu'on puisse employer les indigènes en ne leur donnant pour paiement que des titres d'actions ; c'est en argent qu'il faudra les payer. L'armée, sous la direction des officiers du Génie, et selon un mode à régler avec soin par M. le Ministre de la guerre, pourra, sans doute, apporter un précieux concours pour l'exécution de ces travaux. Nous n'en porterons pas moins à 200,000 francs le prix du kilomètre ; et en appliquant ce prix au développement de tout le réseau, qui sera de 1,500 kilomètres environ, nous trouverons le chiffre de 300 millions pour celui du capital nécessaire à son exécution. Que l'État garantisse un

---

(1) L'exécution de la voie ferrée permettra une réduction des 2/5mes environ dans le réseau des grandes voies de communication, et rendra disponible une somme de près de trente millions sur l'emprunt des trois cents millions.

intérêt de 5 p. 0/0 sur ce capital, comme le demandent les auteurs du projet, ou peut-être de 4 1/2 et même de 4 seulement, et il est certain que les capitalistes les plus sérieux s'empresseront d'apporter à cette grande œuvre la puissance de leur crédit. Craint-on que l'État ne se trouve engagé dans de lourds sacrifices par cette garantie d'intérêts ? Nous ne le croyons pas ; partout où les voies de communications existent en Algérie, le mouvement des hommes se multiplie ; les transports des lourdes denrées sont déjà très-considérables. Le trafic se développera rapidement par la création même de la voie ferrée et par l'impulsion extraordinaire qu'elle donnera à la colonisation. L'État pourra d'ailleurs atténuer dans de très-fortes proportions les risques de sa garantie, par la concession de 100,000, de 200,000 hectares de terres à la Compagnie ; ces terres acquierront une grande valeur par l'exécution de la voie de fer et par celle de barrages et de canaux d'irrigation, dont la Compagnie pourrait aussi se charger. Le produit des prix de vente de ces terres, quand elles seraient aliénées, les revenus de leurs fruits, quand elles seraient louées, viendraient dans les comptes de la Compagnie, soit comme réduction du capital engagé, soit comme accroissement des produits, en déduction de la garantie de l'État ; et de la sorte le peu de densité de la population, pendant la première époque de l'exploitation, se trouverait en grande partie compensée par la possibilité qui en résultera, de disposer de vastes étendues de terres fertiles pour les attribuer à la Compagnie.

Résumons en quelques mots les propositions importantes qui font l'objet de cette note :

Emprunt de 300 millions en rente 3 p. 0/0, fait par l'État pour l'exécution rapide des travaux militaires et civils de l'Algérie.

Garantie de 5 (ou 4 1/2) pour 0/0 d'intérêt, accordée par l'État, avec concession de 100,000 à 200,000 hectares de terres, à une compagnie financière constituée au capital de 300 millions, pour l'exécution du réseau des chemins de fer de l'Algérie, tel qu'il est sommairement indiqué sur la carte annexée à la demande en concession de MM. Delavigne, O. Mac-Carthy, Serpolet et Warnier.

Crédit ouvert sur les fonds du chapitre 30 du budget de 1855 pour des études approfondies du réseau des chemins de fer de l'Algérie, par le service des Ponts-et-Chaussées.

Ainsi que nous le disions en 1853, en demandant l'augmentation des crédits consacrés aux travaux militaires : par l'Algérie le continent africain est promis à l'expansion de la race Française à laquelle les désastres de soixante années de révolution ont enlevé ses magnifiques colonies de l'Amérique, des Antilles et des Indes, pour lui laisser à peine quelques points où son drapeau puisse encore s'y déployer. Que, grâce à l'exécution des grandes mesures que nous réclamons, aucun événement ne puisse, du moins, venir encore arracher à la France sa glorieuse et féconde conquête de l'Algérie; et que, d'ici à peu d'années, l'achèvement de ses places fortes, de ses établissements militaires, de ses ports et de tous ses grands travaux civils, y aient implanté sa puissance à de telles profondeurs qu'aucune tempête Européenne ne puisse la déraciner.

Alger, le 8 octobre 1854.